JN125754

昭和のグラフ誌を飾った近江の歌枕

信楽・安土城・幻住庵

文・写真 溪　逸哉
Tani Itsuya

まえがき

本棚の下方に立てられていた破れそうな古い雑誌「フォト」を、ふと手に取りました。半世紀ばかり前のもので赤茶けており、Ｂ４変形サイズで五十ページ余りの月二回発行の雑誌です。三冊に付箋《ふせん》が貼られてあり、開くと夫溪逸哉《たにいつや》の投稿が掲載されていました。思わず目を通しました。新任教師の域を脱し、中堅教師として大津商業高校の更なる発展を目指して、先輩や同僚の先生方と励んでいた頃のもの。ちょうど戦後日本の高度経済成長の真っ只中で企業戦士の方々が活躍されていた頃、教師なら教育戦士と言うのでしょうか。

この半世紀も前に、彼が投稿した雑誌「フォト」の文や写真に目を通しておりますと、公私多忙な中、遠近《おちこち》に動き回っていた様子も思い出されて、そのまま元の本棚に戻すことができなくなりました。彼の文と写真から来る電流（磁力）が、私の心を射て離れないのです。

その後、サンライズ出版の矢島様にお会いする機会を得て話しましたところ、私の意を汲んでくださり、この度三篇を集成して素晴らしい一冊の本に甦らせてくださいました。

「故郷・近江」をこよなく愛した彼の想いを感じていただければ幸いでございます。

編者　溪　久（妻）

本書には、１９７３～１９７５年、グラフ誌「フォト」（社団法人時事画報社）に掲載された溪逸哉の文章とスキャンした写真を収録した。明らかな誤字は修正し、ふりがなを追加、一部、表記の統一を図った。市町名や各地の状態、交通案内などの事実関係、また歴史的知見は当時のものであり、現在とは異なる点がある。

1973. 11. 1

1974. 7. 15

1975. 7. 1

目次

陶器のふるさと

信楽

1974・7・15

秘境しがらき

満々と水をたたえた琵琶湖は、瓢箪《ひょうたん》に似て南端部がくびれて瀬田川に注ぐ。この河口の「瀬田の唐橋」より遙かに南を望めば、山並みは濃く淡く青く霞んで脈々と重なっている。この山ふところ深く、陶器の里、信楽《しがらき》がある。瀬田より大戸川の渓流に沿って三十キロ、そばだつ山々は流れをはさんで両岸に迫り、清流が岩を嚙《か》んでいる。しみいる蟬《せみ》の声を聞きつつ中腹を縫って四十分ほど車を駆ると、山は突然開けて、その名がかつての皇居を示す「雲井の里」に入る。さらに山狭《やまはざ》を進むと、ほどなく信楽盆地の中心部に着く。路傍から軒下まであふれる陶器の山、山。標高四百メートル～六百メートルのこの高原は、入りくんだ谷間の山裾に点々と人家が連なる山間《さんかん》支《し》谷《こく》の山里である。

山間支谷のまち信楽は緑の中にある。ここに至る道は、すべて
溪流に沿い、山腹を縫い、高い峠を越えてゆかねばならない

なる神の音もはるかに信楽の
外山をめぐる夕立の雲
天台座主《ざす》　承覚法親王

しからきの外山の霰《あられ》ふりすさび
あれゆく頃の雲の色かな
藤原定家

深山《みやま》には白雪ふれりしからきの
山の杣人《そまびと》みち辿るらむ
源　実朝

春たちて程やへぬらむ信楽の
山はかすみに埋もれにけり
源　重之

夜あらしのつらさのはては雪となって
おきてほだたくしがらきの里
蓮　月

湖南の地でありながら、信楽の自然はきびしい。真夏には昼は三十度を越える炎暑となり、夜には急に冷え込む。激しい驟雨《しゅうう》や老松の枝を切り落とす落雷もめずらしくない。冬の寒さはさらに厳しく、地下十五、六センチまで凍結する。伝えられる古歌も墨絵のようにけむった冬の深山を詠んだものが多い。しかしこの辺境の地信楽が、すでに平安時代に「うたまくら」として知られていたことは興味深い。それは、奈良朝の頃からここより良質の木材を産し、造営のたびごとに官用に供されてきたからであろうか。またそれ故にこの地が、当時の第一級の貴族藤原氏の荘園になったのであろうか。

　記録によれば、奈良東大寺大仏殿造営の際、伊賀、甲賀《こうか》、三雲と共に信楽からもおびただしい材木が送られている。文明十三年（一四八一）に至ってもなお神山・長野の材木が禁裏へ進献されているから、材木の産地としての信楽はかなり長期にわたったものと言えよう。ちなみに日本地理資料によれば「続日本紀を按《あん》ずるに紫香楽と作《な》す。読《よみ》志加良岐と書く。

蓋《けだ》し繁木《はんもく》の義ならん、樹木の蕃茂《はんも》するを言ふなり」とある。とするならば「しからき」とは「繁木」の意味である。「しからき」という響きに、あの深い森のひんやりと澄んだ空気の中でかぐ、素朴で馥郁《ふくいく》とした木と土の匂がするではないか。

隠棲《いんせい》のさと

信楽は近江の最南端、伊賀・大和の両国が合する所にある。奈良・京都の両古都からも極めて近い。また伊賀・伊勢への間道でもあった。このため早くから開けるが、「秘境」であるが故にこの地に安らぎを求めた人も多い。この地を訪れた最初の貴人は聖武《しょうむ》天皇であった。

天平十二年（七四〇）、外戚藤原氏の束縛《そくばく》を脱したいと願われた帝に対し、藤原広嗣《ひろつぐ》が乱を起こしたので、帝は直ちに奈良を出て山背国《やましろのくに》相楽郡《そうらくぐん》恭仁郷《くにごう》に至り、この地を都と定められる。以後平城京は五年間の空白時代を送る。この恭仁京造営にあたり、京都府木津川から信楽の北端雲井に達する、恭仁東北道が開鑿《かいさく》されたことによって、信楽の地が上聞《じょうぶん》に達した。ここにおいて同十四年八月造離宮司《ぞうりきゅうし》任命、旬月をまたず行幸《ぎょうこう》をみている。翌年には四ヵ月余のご留駕。有名な「大仏造立《ぞうりゅう》の詔《みことのり》」はこの時に発せられた。この詔には、政治と社会の混乱の救済を蓮《れん》華蔵《げぞう》世界の実現に託された帝の願いが切々と述べられている。十六年閏正月、帝ただ一人の皇子安積《あさか》王は、恭仁宮留守居役藤原仲麻呂のもとで突然、謎の死をとげられる。王の御母は藤原氏出身ではなく、そして藤原氏に対立する橘諸兄《たちばなのもろえ》や大伴家持《おおとものやかもち》らによって、王は皇嗣《こうし》としての望みを託されていたのであった。

悲しみの内に帝は、ただちに翌二月、難波《なにわ》遷都の勅宣を下され、あまた重臣を難波に残されたまま紫《し》香楽宮《がらきのみや》へ行幸、そのままこの地を動こうとされなかった。奈良朝最盛期に在位された聖武天皇もまた悲劇の帝であった。うち続く天災飢饉・疫病の全国的蔓延《まんえん》、新羅《しらぎ》との外交悪化、それにもまして廟堂《びょうどう》内の勢力争い、政治のかけひき。帝は、しんしんと繁り野鳥のさえずる自然の懐《ふところ》深く逃れて皇子の死を悼《いた》まれたのである。この年の十一月、晩秋の紅葉が山々に映える中で、帝はこの地で盧舎那仏《るしゃなぶつ》の体骨《たいこつ》柱《ちゅう》の縄を自ら引かれる。しかし大仏はこの地で完成

聖武天皇が造営された紫香楽宮址の遺跡を示す石碑

註　この石碑のある場所は、大正15年に史跡指定された場所で、現在では、大仏を造立しようとした甲賀寺の推定地と認識されている。紫香楽宮の中心は宮町にあったことが判明している

することなく、これより八年後、奈良東大寺で開眼《かいげん》される。そして天平十七年奈良遷都の後は、紫香楽宮の建物[註1]は石山寺へと移されたのであった。

興福寺官務牒疏《かんむちょうそ》[註2]によれば、紫香楽宮が廃都となって十四年後、天平宝字三年（七五九）、淳仁天皇が「信楽郷勅旨《しがらきごうちょくし》」に「保良宮《ほらのみや》」を造営されるとある。淡路島で悲劇的な生涯を閉じられたこの帝も、わずかな期間であったがこの地に安らぎを求められたのである。

平安時代には、「平治の乱」の大立物藤原信西《しんぜい》が源義朝《よしとも》の手を逃れて信楽へ隠れようとして殺され、さらに鎌倉時代には近衛家基《このえいえもと》卿・経平《つねひら》卿父子が小川の地に隠棲《いんせい》している。下って南北朝となると、南朝方の拠点となったこの地に守良《もりよし》親王が一時身を隠された。また木食上人応其《もくじきしょうにんおうご》が、守護六角承禎《ろっかくしょうてい》、大和越智氏と次々に主家の滅亡にあい、出家し、秀吉に恩顧を受け、豊氏《ほうし》が滅んだ後は信楽の北嶺飯道山《はんどうさん》に幽棲《ゆうせい》したことも有名である。

註1　藤原真楯の邸宅と考えられている

註2　現在では偽文書とみられている

聖武天皇はたびたび紫香楽宮へ行幸され、「大仏造立の詔」はその時に発せられた。いまは三百個の礎石だけが整然と並び、東大寺様式の伽藍配置を示すのみとなっている

註　この写真は史跡紫香楽宮跡（内裏野地区）。紫香楽宮の中心は史跡紫香楽宮跡（宮町地区）にある

しがらき焼

秘境と言われる奥深い地形の中で、信楽は中央政治の奔流を微妙に反映しながら時代を下る。一方、鎌倉時代に入ると、名もない庶民たちは、茶や陶器の産業を力強く発展させていくのである。

くるめく真夏の太陽がこの里を照りつけると、道という道は真白に光って子どもたちの目を射たものであった。この異様な白さは、花崗岩《かこうがん》が風化し、長石が含砂粘土となって堆積した陶土なのである。日本書紀垂仁記《すいにんき》に、

天日槍《あまのひぼこ》…菟道《うじ》河より泝《さかの》ぼりて、北、近江の国吾名《あな》の邑《むら》に入りて暫く住む。……ここを以て近江国鏡《かがみ》・谷《はざま》の陶人《すえ》は、則ち天日槍の従《つか》人なり。

とある。紫香楽宮跡「アカ池[註]」で発見された黄瀬《きのせ》粘土の陶片や、布目瓦《ぬのめがわら》などの出土品は、これらの帰

註　甲賀寺推定地である史跡紫香楽宮跡（内裏野地区）の「閼加池」

「五位の木」は伊賀との国境にあり、信楽焼の発祥の地といわれる。
そして今もこの附近から良質の陶土が大量に掘り出されている

註　「五位ノ木」は甲賀市信楽町黄瀬にあるが、伊賀との国境ではない

化人によって焼かれたものと言われている。しかし続く平安時代に於ける陶作の痕跡は発見されていない。信楽が日本六古窯の一つとして常滑《とこなめ》・丹波《たんば》・備《び》前《ぜん》・越前《えちぜん》などとともに技術的にも非常な発展をとげたのは鎌倉時代であった。この頃信楽全域に古窯《こよう》があったと推定され、種壺《たねつぼ》・土管・水がめ・摺鉢《すりばち》などの日用品が焼かれた。今も当時の窯跡《かまあと》にそれらの破片がちらばっている。

　この信楽焼を一躍高名にし、芸術品へと育て上げたのが室町時代の茶道の発達である。それまでの娯楽的な喫茶法が知的精神的なものへと高まり、幽《ゆう》寂《じゃく》が求められ、わび・さびの境地が追求されると、それまでの唐物《からもの》趣味よりも、名もない和物《わもの》・国焼《くにやき》に新鮮な目が注がれることになった。今まで見むきもされなかった信楽などの雑器《ざっき》が、床の間の花入れに用いられるようになったのである。種壺・葉茶壺・油入れ・お歯黒壺・糸つむぎの桛《かせ》を入れた鬼桶《おにおけ》など、農夫たちが自らの日曜雑器として素朴におおらかに焼き上げたこれらの陶器は、火裏《ひうら》は肌色に、火表《ひおもて》は

茶は平安初期（805）に唐より渡来し、815年には早くも信楽の朝宮の地に植えられた。上質の朝宮新茶は信楽茶壺に入れられ、大名の間で引出物として珍重された

艶やかな赤みを帯びて火色おもしろく、その上含まれる長硅石《ちょうけいせき》が、あるいは粒状に溶け、または荒々しい石ハゼとなって信楽独得の風味をそえている。時には燃料の木灰がかかり自然釉《ゆう》となって、深い青みのビードロがうかび、灰かぶりやこげ・ゆがみができることもある。これが「無心」「枯淡」を追い求める茶人の心を強くとらえたのである。

　これより信楽では、茶入れ・水差《みずさし》・茶碗・香合《こうごう》・蹲《うずくまる》とか旅枕《たびまくら》と呼ばれる花入れなど、芸術的に極めて高度な茶陶が多く造り出される。そして一流茶人陶芸家は、自らの好みをさらに追求させ、その名を冠した数々の名器を後世に残している。武野紹鷗《たけのじょうおう》による紹鷗信楽、千利休《せんのりきゅう》による利休信楽、その孫千宗旦《そうたん》による宗旦信楽、家光の茶道師範小堀政一《こぼりまさかず》による遠州信楽、陶物師《すえものし》野野村仁清《ののむらにんせい》による仁清信楽、本《ほん》阿弥《あみ》空中《そらなか》による空中信楽などである。またこの頃信楽全域に広がった「朝宮茶」と、隣接地宇治の茶問屋の需要に応じた茶壺の生産もまた盛んであった。

現代の秘境

しかし、遠い昔から現在まで、信楽焼として最も多く焼成されてきたのは、何といっても壺、かめ、すりばちなどの庶民の日曜雑器である。最近は植木鉢・タイル・庭園陶器・花器などが、近代化された窯で大量に生産されている。人びとは土を掘り乾《かわか》し、砕き精練して粘土を作る。いかに機械化されても、やはり成形工達は自らの手で丹念に粘土にいどむ。燃えさかる火の色を読みたしかめる。千年の昔と同じように深い自然の懐の中で、直接土と火との対話を続けているのである。

喧噪《けんそう》と雑踏《ざっとう》、人間不信と虚無感が現代世相を代表する名詞であるとするならば、緑の自然の中で息づく信楽は、今もなお、疲れた人々の心をいやす秘境の地と言うべきであろう。

紫の雲たなびきて守れるか
　土を珠《たま》にと息吹くしからき

つちくれに願ひをこめて焼きなせる
　珠《たま》の巖《いわお》に力湧く里

創生のその日に似るかしからきの
　かまは真紅の色にもえつつ

小笠原思安

信楽焼は全国に知られ、植木鉢・庭園陶器・花器・建材などの大物はすべて屋外にうず高く積み上げられ、買い手を待っている

信楽の玉桂寺は淳仁天皇が保良宮を造営された跡といわれ、ここには弘法大師ゆかりの槇の巨木がある。この木は下枝に根が生じて分株して群生し、滋賀県指定の天然記念物となっている

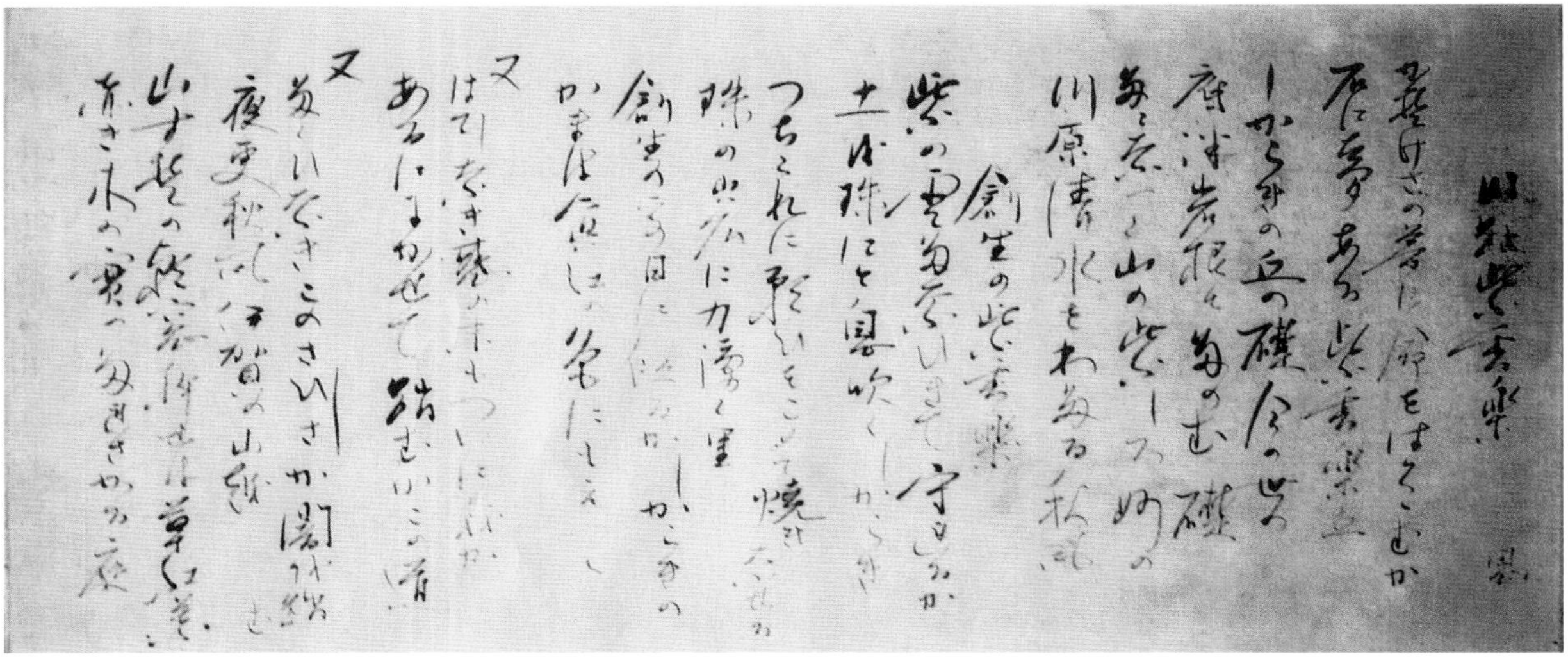

（信楽・法蔵寺所蔵）

旧趾紫香楽　　思

かそけさの　夢に命をはぐくむか
石に夢ある　紫香楽の丘

しがらきの　丘の礎 今の世の
底は岩根と たのむ礎

たたなづく　山の紫しろ妙の
川原清水を　わたる秋風

創生の紫香楽

紫の　雲たなびきて守れるか
土を珠にと　息吹くしがらき

つちくれに　願いをこめて焼きなせる
珠の巌に　力湧く里

創生の　その日に似るか　しがらきの
かまは眞紅の　色にもえつつ

又
はてしなき　惑の末も　ついに我か
あるにまかせて　踏むかこの道

又
たぐいなき　このさびしさか　闇を踏む
夜更秋風　伊賀の山越

山すその　朝窓押せば　草紅葉
赤き木の実の　たれさがる庭

小笠原秀實先生

明治18年、愛知県あま市真宗大谷派「圓周寺」で生まれる。四高・京大で西田幾多郎先生に師事して哲学の研究に没頭する。

京都学派が戦争支持に傾くと、西田哲学と袂を分かち花園大学に移籍。哲学、美学などを独自の立場で研究し発表する。佛教大、大谷大などでも教鞭を執り、多くの人材を育てた。万葉集の研究でも有名。歌人。号・思安。上は先生の真筆。

兄（逸郎）は、昭和33年、佛教大学３年生の頃、先生の講座を受講、たちまち先生に心酔し、聖護院にある先生宅に入り浸る。その晩秋、３人の学友と共に小笠原先生を「法蔵寺」に招待し、信楽に遊んだ。この歌はその折、先生が興の赴くまま詠まれたもの。後に額装。［逸哉記］

英雄覇業の跡

安土城

1975・7・!

湖国の要衝

安土山は標高百九十九メートルということであるから、山としては高いとは言えないが、何分にも湖東の要衝、西には京都を望み、東は東海道、北は北陸道、そして南は伊勢路に通ずる。しかも城は、今はすっかり干拓されたが、当時は琵琶湖最大の内湖である大中湖にその大部分を浮かべ、明智光秀の坂本城、羽柴秀吉の長浜城を結ぶ三角形の頂点に位置する。そしてこの水路を利用すれば、陸路の何分の一かの時間で、大量の兵力・食糧を運び得る戦略上の要衝でもあった。

また、ひとたびこの山に登ろうとすれば、細い急坂が迂折《うせつ》し、累々と石垣が重なって威圧を加える。まことにこの城は戦闘のための城である。大坂城の絢爛《けんらん》さや江戸城の洗練された秩序だった美しさとは全く異質の、強く荒々しい城である。百数十年に亘《わた》る天下の分裂抗争をほぼ統一した英傑の気魄《きはく》が、そ

のままここに示されていると言うべきであろう。史家徳富《とくとみ》蘇峰《そほう》はかつてここに登って、

安土懐古

塹石《ざんせき》重々　棘榛《ししん》に委《まか》す
なほ見る　層塔の嶙峋《りんしゅん》を擁するを
扶桑《ふそう》第一　みだりに説くを休《や》めよ
ただ是れ　斯《こ》の公　第一人

と詠じたが、蘇峰もこの城に信長の雄図《ゆうと》を思い、深い感慨を催したのであった。この詩の碑は、今、城址の中腹に建てられている。

壮大な工事

安土山は佐々木六角氏の居城があった観音寺山と、峠ひとつでつながっており、郷土史家清水伝兵衛氏らの研究によれば、六角氏の重臣のひとり目賀田《めかた》氏の城のあった目賀田山を、信長がゆずりうけたものだと言う。

信長の行動は、常に迅速《じんそく》であり進取であった。彼の宿願であった天下布武《ふぶ》の地歩《ちほ》が進むたびに、その拠点を移動させ進出させた。すなわち、美濃の斎藤氏を亡ぼすと、それまでの居城清洲《きよす》より直ちに岐阜に転出し、今や近江越前を統一し、その勢力伊勢路に及んだので、惜しげもなく岐阜を棄ててここに進出してきたのであった。

天正四年（一五七六）正月中旬、信長は安土に築城すべく、その普請奉行を丹羽長秀に命じた。そして翌二月二十三日には、早くも住居をここに移している。これよりすっかり完成する天正七年までの間

安土城の本丸は江雲寺御殿とも呼ばれ、山上の建造物としては、比類を見ない壮大な規模を誇り、天皇巡幸の際の「御幸の間」もあったといわれる。今では昭和17年に発掘された礎石105個を残すのみとなっている

註　写真と写真説明はすべて昭和50年当時のもの。次ページ以降の写真も同様である

に、膨大《ぼうだい》な人力と財力が投入される。信長の側近太田和泉守牛一《ぎゅういち》記すところの『信長公記』をみると、

> 四月朔日《ついたち》より、当山大名を以て御構の方に石垣を築かれ、またその内には天主を仰せつけらるるの旨《むね》にて、尾《おわり》・濃《みの》・勢《いせ》・三《みかわ》・越《えちぜん》・若州《わかさ》・畿内の諸侍、京都・奈良・堺の大工諸職人等召し寄せられ、在安土仕《つかまつ》り候て、瓦焼き唐人の一観あひ添へられ、唐様《からよう》に仰せつけられ、観音寺山・長命寺山・長光寺山・伊場山、所々の大石を引き下し、千・二千・三千づつにて安土山へ上られ候。

大陸渡来の瓦焼き職人さえも召し出したのである。そして信長の勢力の許す限りの人員を、この築城に動員した。千・二千とは千人、二千人の意味である。しかもあまりにも大石であるために、引き上げかねることもあった。

安土城の天主閣址。キリシタン宣教師たちが舌をまいて驚いたという5層7階の華麗な天主閣はここにそびえていたが、天正10年6月、明智左馬助の放火によって灰燼に帰したという

大石を選び取り、小石を選び退けられる。ここに津田坊の大石、お山の麓《ふもと》まで寄せられ候と雖ども、蛇石といふ名石にて、すぐれたる大石に候間、一向にお山へ上らず候間、羽柴筑前・滝川左近・惟住五郎左衛門三人に助勢せられ、一万余の人数を以て、夜日《よるひる》三日に上られ候。

今日、どの石が蛇石か知ることはできないが、数多くの大石・名石が引き上げられ、昼夜分かたぬ精励のために「連日呼声山谷に震動し、雷鳴が轟《とどろ》くが如き」であったと言う。

黒金門から二の丸への階段。累々と積み上げられた石は、ほとんど自然石に近く、ノミの跡さえ見出せない。中には仏足の彫刻のある石もある

近世の城郭

こうして三年の歳月を費やし、山上に外観五層、内部七階の天主閣が聳《そび》える安土城が完成した。当時わが国にあったキリシタン宣教師も、この城について書き残しており、たとえば耶蘇会年報では、次のように報じている。

> 中央に一種の塔がある、塔は七層楼で、内外ともに驚くべき構造である。内部の彫刻は悉《ことごと》く金で、甚だ巧に色彩を施してあり、外部は各層違った色で塗り、あるいは白色で、日本風に黒《くろ》漆《うるし》を塗った窓を備え、あるいは朱または青のがあり、最上層は金である……。

この「一種の塔」とは言うまでもなく天主閣のことである。天主閣はこの安土城に始まるとは言えないが、高い石垣の上にさらに高く聳えるこの威容は、信長によって始められたといってよい。そしてこれはおそらく彼が新到の外国の知識を、十分に利用したものであったろう。その意味からもこの城が、近世の城郭の手本となったことは間違いなく、秀吉の桃山城・大坂城もその規模はさらに宏大さを加えるが、疑いもなく安土城を模範として、これより脱化しようと計ったものであった。

　内部の結構は太田牛一の記述にもくわしいが、昨年暮発表された名工大内藤昌教授の天主閣復元図が興味深い。加賀藩御大工の家の古文書によって、ほぼ安土城のものと断定できる「天守指図《てんしゅさしず》」を復元されたものだが、地下一階に据《す》えられた宝塔、地階より二十メートルの南蛮様式の吹き抜け、三階でこの吹き抜けに張り出したつり舞台、五階は法隆寺の夢殿を、六階は金閣を模すなど、それまでの時代の豪華建築をこの天主閣に集大成しようとした意図がうかがえるという。当時の壮麗さをしのぶ数少ない遺物のひとつである金箔《きんぱく》を張った瓦が、安土山の麓の近江風土記の丘資料館に数個保存されている。また同種のものが、去る四月、信長ゆかりの京都御所築地跡から発掘されている。

城主七年

築城は天正四年から始まったが、同七年五月に信長は初めて天主閣に登った。初夏の空は白い雲を浮かべて晴れ渡り、紺碧の湖は細密画のような小波をきざんで眼下に広がり、その彼方には比叡、比良の連峰が青紫にくっきりと浮かび上っていたことであろう。

今川義元を田楽狭間で破ったのが永禄三年（一五六〇）五月であった。それより十余年、美濃を統一し、近江湖北の名家朝倉・浅井氏を亡ぼし、天正元年には有名な長篠《ながしの》の戦で無敵をほこる武田の騎馬隊を鉄砲《てっぽう》で殲滅《せんめつ》していた。この安土城に拠った天正四年から同十年にかけて、彼が四十三歳から本能寺で亡くなる四十九歳にかけては、天下は、信長を中心にさかまき、轟々《ごうごう》と鳴動し、やがてはその波《は》濤《とう》もほぼ治まろうとし、彼が辛苦して営んだ天下一統の大事業が、まさに成ろうとする大団円の時代で

あった。この頃の主要な戦局を通覧すると、

▼天正四年　前将軍義昭と通謀し、本願寺顕如は石山城（大阪府）に挙兵、毛利輝元・上杉謙信・武田勝頼など反信長勢力との盟約成る。

▼天正六年　播磨（兵庫県）でも毛利氏攻勢、別所長治・荒木村重謀叛。上杉謙信の病歿と、鉄船によって初めて毛利水軍を破ったことは、戦局にようやく明るいきざしをもたらす。

▼天正七年　明智光秀は丹波・丹後（京都府）を平定する。宇喜多直家のねがえりで毛利氏動揺する。柴田勝家は加賀（石川県）平定。

▼天正八年　石山本願寺ようやく屈伏。

▼天正九年　因幡《いなば》鳥取城の陥落《かんらく》により毛利氏さらに後退。天下布武の事業大きく進む。

▼天正十年　三月武田氏滅亡。五月に秀吉は高松城（岡山県）を包囲する。毛利氏は総力をあげて高松城主清水宗治を救援しようとする。信長は毛利氏との決戦の時とばかり、秀吉赴援《ふえん》のため光秀に先鋒を命ずる。あたかも家康の安土来訪中のこと

であった。

信長は二十九日に安土城を出て本能寺に宿泊、六月一日「本能寺の変」の暁をここで迎えたのである。

天主閣の西隣りの二の丸址にある信長の本廟。風折烏帽子型の墓は、風雲児信長のものにふさわしく、どっしりとしている

荒塁、草青葱たり

安土城は天正十年六月十四日、明智左馬助の放火によってすべて灰燼《かいじん》に帰したと言う。今は全山を覆う石垣を除いては、何ひとつ残されていない。ただ城地に信長の菩提寺である摠見寺の山門と、三重塔が建っているばかりである。摠見とは彼の法名である。彼は臨済宗の剛可和尚を招じて、城の一隅にこの寺を創建した。城の西側から登ると、峻しい石段をまたいで寺の仁王門が建っており、さらに登ると平地に出、そこに三重塔がある。門には元亀二年（一五七一）建立の棟木銘があり、塔には享徳三年（一四五四）建立の墨書銘があるから、この二つの建物はいずれも城よりも古い建造物である。塔はもと甲賀郡石部町の長寿寺にあったものを、信長がここに移築したのである。

頼山陽の一子三樹三郎はかつてここに立ち、

安土　城高くして雲裏に攀《よ》ず
覇縦《はしょう》　化して老禅閣となる
晩霞《ばんか》火の如く　人首《こうべ》を回らせば
一点の青螺《せいら》　叡山を認む

と詠じた。老禅閣とはいうまでもなく摠見寺である。折から夕方、山頂より夕焼けの中に琵琶湖を隔てて、遙か遠くに比叡山を望見したのである。

摠見寺址からの「西の湖」や、天守閣址からの遙かな琵琶湖の眺望は絵のように美しいが、しかし、ここに遊ぶ者の心をあやしく捕《とら》えるのは、織田信忠邸址から本丸址を北に迂回して、八角平へと通ずる荒涼とした小路であろう。土塁すでに形なく、頭上へそびえる石垣でも、そこここの熊笹の陰の苔むした石垣でも、根を張った松の大木や雑木が石をこじ広げ、蔦《つた》がからまり、城全体がすでに自然の一部となっているが、獣道《けものみち》とも思える小路が、実はたんねんに石積みされた城塁の一角なのである。単に兵法の天才であっただけでなく、政治・経済の上でもま

摠見寺は信長の菩提寺で、本堂・庫裡・三重塔・鐘楼・毘沙門堂などの堂塔伽藍が整い、安土の偉観であったが、今その姿はない。しかしその本堂址から見る「西の湖」の眺望は美しく、訪れる人々の心を引きつける

摠見寺の三重塔は、甲賀郡石部の長寿寺にあったものを信長がここへ移築したもので、仁王門とともに今に残る。貴重な文化財となっている

た思想の上でも、荒々しく中世を打ち砕いていった大きな男の足跡が、いま自然に還りつつある。

悠々《ゆうゆう》たり二百歳
電過　夢と同じ
孤冢《ちょう》（信長廟）雲惨澹《さんたん》
荒塁《こうるい》　草　青葱《せいそう》
香火　長く昔を弔《ちょう》すれば
梵唄《ぼんばい》　日暮の風

今も江戸中期の詩人服部南郭《はっとりなんかく》の詩そのままに、青葱とした草が荒塁を覆い、人影ひとつない古城に、ただ松風が鳴るのみである。

石垣は全山を覆っている。前方の城塁の上は家康邸址で、
摠見寺仮本堂が建ち、左は羽柴秀吉邸址と伝えられるが、
人影ない古城に松籟が鳴るだけである

この一筋につながる

幻住庵の碑

1973・11・1

幻住庵

元禄二年三月二十七日に、門人曽良《そら》を伴って東北・北陸の旅に出た芭蕉は、八月下旬、つつがなく長い旅行を終えて大垣に着く。これより九月十三日、伊勢内宮《ないくう》の遷宮を拝観、翌十四日外宮《げくう》に参詣して同月下旬、ふるさとの上野《うえの》に帰るが、十一月、上野をたち奈良に出、京都を経て大津に入る。翌三年四月より、門人膳所《ぜぜ》藩士菅沼曲翠《すがぬまきょくすい》の伯父・定知《さだとも》の旧居であった幻住庵に住み、これより七月まで四ヵ月の間、ここにいるのである。

芭蕉は「幻住庵記」という文をみずから作って、その中にこの庵のことを次のように記している。

石山の奥、岩間《いわま》（山）のうしろ（北）に山有り、國分山《こくぶやま》といふ。そのかみ國分寺《こくぶんじ》の名を傳《つた》ふなるべし。麓《ふもと》に細き流を渡りて翠微《すいび》（山の中腹）に登る事三曲《さんきょく》二百歩にして、八幡宮たたせたまふ。

（略）日ごろは人の詣でざりければ、いとゞ神さび（神々しく）物しづかなる傍《かたはら》に、住捨てし草の戸有り。よもぎ・根笹軒《ねざさのき》をかこみ、屋《や》ねもり壁落ちて狐狸《こり》ふしどを得たり（狐や狸のすみかとなっている）。幻住庵と云ふ。あるじの僧なにがしは、勇士菅沼氏曲水子の伯父《おぢ》になん侍《はべ》りしを、今は八年《やとせ》ばかりむかしになりて、正に（正にその名の通りはかなくなって）幻住老人の名をのみ残せり。（略）山は未申《ひつじさる》（西南）にそばだち、人家よきほどに隔《へだた》り、南薫《なんくん》（風）峯よりおろし、北風《ほくふう》海（琵琶湖）を浸《ひた》して涼し。日《ひ》枝《え》（比叡）の山、比良《ひら》の高根より、辛崎《からさき》の松霞《かすみ》こめて、城（膳所城）あり、橋（瀬田の唐橋）あり、釣《つり》たる舟あり。笠《かさ》とり（山）にかよふ木樵《きこり》の聲、麓の小田《をだ》に早苗《さなえ》とる歌、螢《ほたる》飛かふ夕闇の空に、水鶏《くいな》の扣《たた》く音（たたくように鳴く声）、美景物《もの》としてたらずと云ふ事なし。中にも三上《みかみ》山《やま》は士峯（富士山）の俤《おもかげ》にかよひて、武蔵野の古き栖《すみか》（芭蕉庵）もおもひいでられ、田上山《たなかみやま》に

国分山。中央部が幻住庵跡

古人をかぞふ（そこに遺跡のある古人が思い出
される）。

幻住庵のたたずまいは、この文によってほぼ明らかになる。今は、石山発「国分行き」京阪バスで国分町で下車すれば、国分山は、こんもり繁って目の前にせまる。苔むし落葉でおおわれた「三曲り二百歩」の坂道を登ると、近津《ちかつ》尾《お》八幡《はちまん》の前に出る。社の本殿に向って左、やや広く平らな土地があり、ここに庵の跡であることを示す「史蹟幻住庵跡」の石柱と、「先《まづ》たのむ　椎《しひ》の木もあり夏木立」の石碑がたっている。

芭蕉はこの幻住庵からの眺めを楽しんだのだが、今はもう、外界をすかし見ることすらできない。樹木はもくもくと生い繁って庵跡をおおい、この地を芭蕉の昔そのままに今日に残すため、すっぽりとつつみ込んだかのようである。鳥の声、虫の声につつまれて椎の木の下にたたずむと、ひっそりと静寂を侘《わ》びる芭蕉の気配さえ感じる。この八幡宮の裏の

幻住庵跡

「先たのむ椎の木もあり夏木立」（幻住庵跡）

坂を二、三十歩、うっそうと繁った木の下をたたらを踏んで下ると、苔むし羊歯《しだ》におおわれて、芭蕉が自ら炊《かし》いだという泉が、「とくとくの雫《しずく》」を昔のままにしたたらせている。この地ほど、芭蕉の当時のままを偲《しの》ばせる所は他にあるまい。また、この森を一歩北へ出ると、石山寺・田上山・三上山・比良・比叡など、脈々と青く重なる山なみとみずうみが、芭蕉の筆のままに一望できる。

「堅田の浮御堂」より三上山をのぞむ

庵の生活

芭蕉がこの庵に住んだ理由は、もとより曲翠より、しばしここに憩うことを勧められたためであろう。同時に、芭蕉自身もまた、六ヵ月に及ぶ寂しくきびしかった東北・北陸の長旅のあとを静かにふり返り、それによって得たものを、整理したいという気持もあったのではなかろうか。そして、この旅の紀行文である『奥の細道』の執筆にとりかかるのは、元禄五年の後半であり、それは、翌六年にほぼ完成したと考えられているが、当時すでにその準備は始められていたことであろう。

幻住庵の生活は、鴨長明《かものちょうめい》の日野山の閑居《かんきょ》や、木下長嘯子《ちょうしょうし》の大原野の隠棲に倣《なら》おうとするところもあったであろう。しかし、彼の毎日は決してそのような孤独のものではなかった。

庵記の中にも、

昼はまれ〳〵にとぶらふ人々に心を動かし、あるは宮守の翁、里のおのこども入り来たりて、いのししの稲くひあらし、兎の豆畑にかよふなど、我が聞きしらぬ農談……

とあって、素朴な人々との温かい歓談が絶えなかったことが知られる。また、俳諧の教えを受けようとして、たずねて来る各地の門人の訪問もあったことだろう。この年の夏のこと、金沢より秋の坊が訪ねて来たので、彼はこれを庵にとどめて、「わが宿は、蚊の小さきを馳走かな」と詠んでいる。

行く春を近江の人とおしみける

「望湖水惜春」と題するこの句は、元禄三年の作品であるから、芭蕉がちょうど幻住庵に住んでいた時の作品である。春ゆかんとする琵琶湖の風光も、のどかに美しかったであろうが、一句の中に、それ以上に人々の藹々《あいあい》たる和気が感じられる。芭蕉のまわりには、常に、温かく師をかこむ近江の門人があったのである。

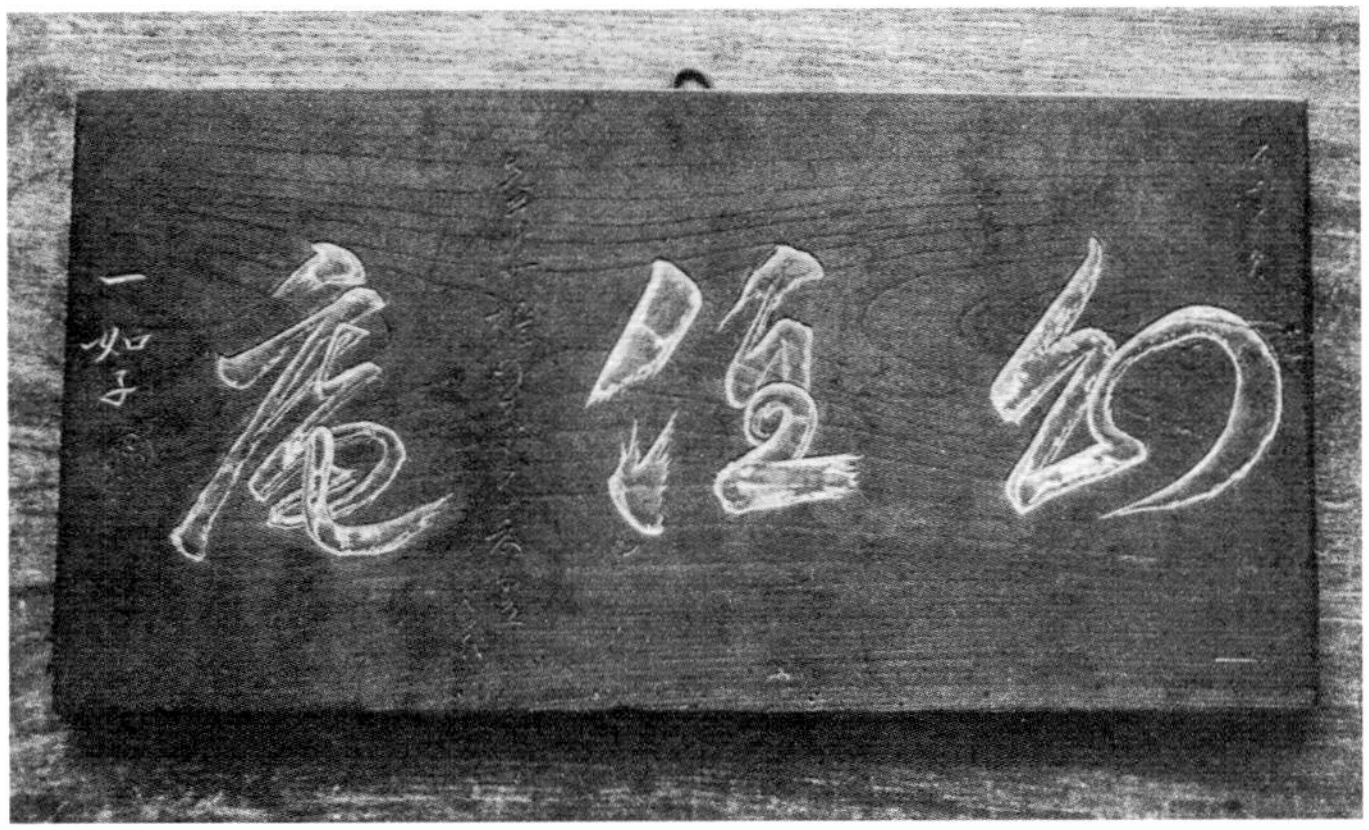

「幻住庵記」にしるす一如僧正筆の古額

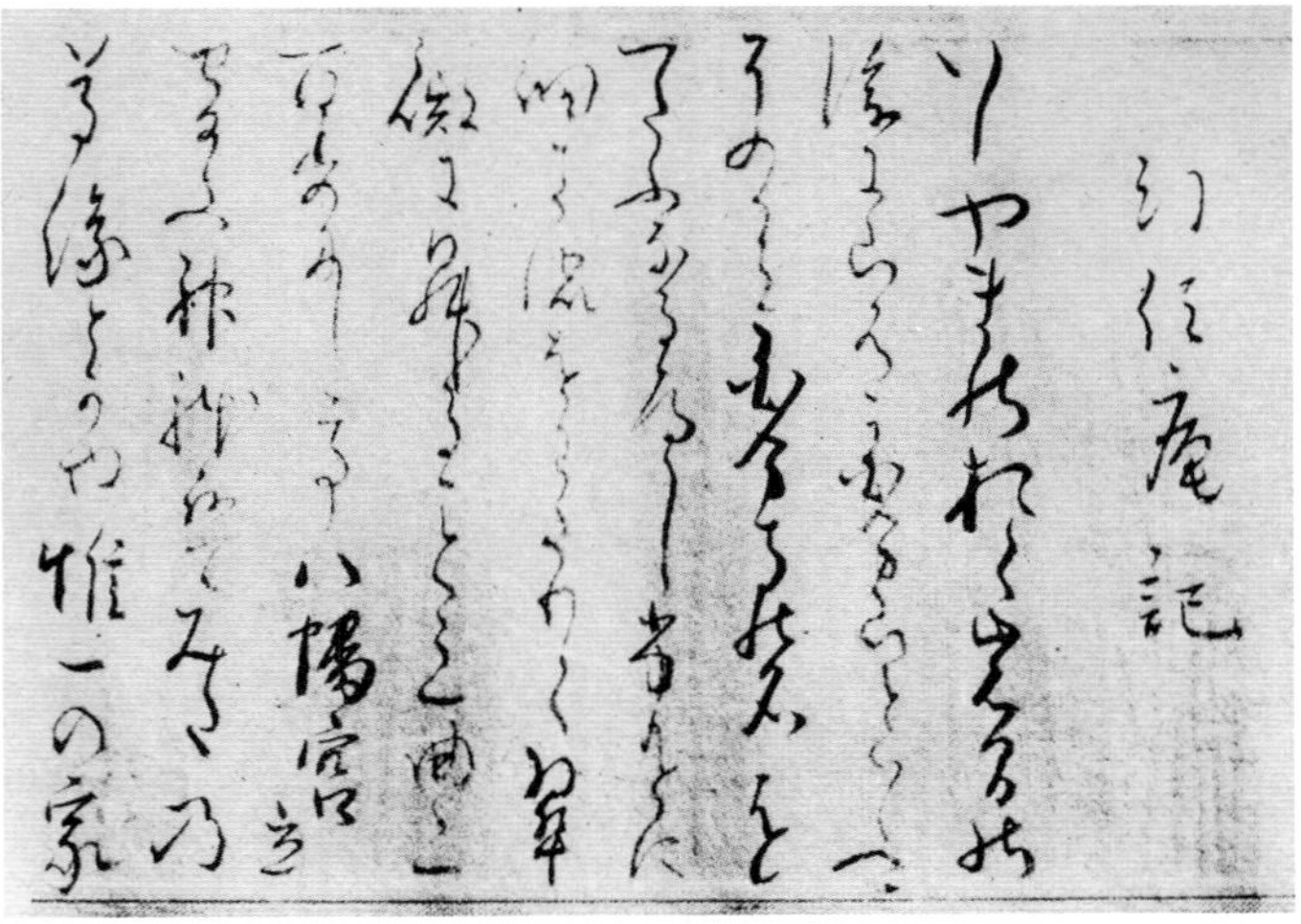

芭蕉真跡による「幻住庵記」

註　個人蔵、所在不明（2024年３月現在）

「行く春を近江の人とおしみける」芭蕉の筆（義仲寺）

この一筋につながる

芭蕉は、「幻住庵記」の中に、「かくいへばとて、ひたぶるに閑寂《かんじやく》を好み、山野に跡をかくさむとにはあらず」と記している。最後に記している「先たのむ　椎の木もあり夏木立」の句と合わせて見るならば、この庵も、彼の生涯のしばしの宿りに過ぎぬことはいうまでもなく、この点からも、同じ幽居隠棲といいながら、すでに長明や長嘯子とは、その性格の異なるものがあった。

　つら〱年月の移りこし拙《つたな》き身の科《とが》をおもふに、ある時は仕官懸命の地をうらやみ、一たびは佛籬《ぶつり》祖室の扉《とぼそ》に入らむとせしも、たどりなき風雲に身をせめ、花鳥に情を労して、暫く生涯のはかり事とさへなれば、終《つひ》に無能無才にして此の一筋につながる。

芭蕉像（義仲寺）

芭蕉は、庵の中に坐して、自己の過去をふりかえり、このように述懐する。本来温かい心の持主であった彼が、時として峻《けわ》しい人と変るのは、この「無能無才にして、此一筋につながる」っているが故である。

同年七月、芭蕉は幻住庵を去って膳所の義仲寺《ぎちゅうじ》内無名庵に移り住む。秋風とともに寒さを増す山中の生活が、その身体にひびいたのであろう。

義仲寺境内にある無名庵

義仲寺

義仲寺における彼の生活は、翌元禄四年の初めまでであって、二月は故郷伊賀にあり、三月末まで滞在して、四月には、京都郊外の嵯峨の落柿舎《らくししゃ》に入っている。とすれば義仲寺にあったのは半年ほどであろうか。

いうまでもなく、芭蕉が、元禄七年十月十二日、大阪の花屋仁左衛門方にて歿すると、門人はその遺言によって、遺骸をこの義仲寺に葬り、木曽義仲の墓という宝篋印塔《ほうきょういんとう》の隣に「芭蕉翁」と自然石に刻んだその墓石をたてる。芭蕉にとって、義仲寺は、極めて思い出深い所であったはずである。

芭蕉は、前年の長途の旅の途中、義仲が一時たてこもった越前の燧《ひうち》が城を望んでは、

義仲の寝覚の山か月悲し

義仲寺。境内には芭蕉の辞世の句といわれる「旅に病んで夢は枯野をかけめぐる」の句碑をはじめ、大小27基の碑が立っている

と詠んで、かつて破竹の勢いで進撃した旭将軍の威勢を思い、その波乱に富んだ生涯に涙している。

芭蕉の温い心は、歴史に対する深い思いとなった。ことにその不遇であった人々に対する感慨は、『奥の細道』の中にもしばしばあらわれる。たとえば、飯坂《いいざか》に佐藤継信・忠信兄弟とその父元治の遺跡をたずねては、

笈《おひ》も太刀も五月《さつき》にかざれ紙幟《かみのぼり》

と詠み、高館《たかだて》に登って源義経をしのんでは、時のたつのも忘れ、

夏草や兵《つはもの》どもが夢の跡

さらに、小松の太田神社に斎藤実盛の甲《かぶと》をみては、

むざんやな甲の下のきりぎりす

と詠んでいるなどがこれである。

あるいはまた、旅に病み、まさに逝かんとするとき、きびしい生涯をおくって来た彼の脳裏に、美しい絵巻となって、夢のように想い浮んだのは、「美景物《もの》としてたらずといふ事なし」という自然にかこまれ、曲翠《きょくすい》・乙州《おとくに》・智月《ちげつ》・正秀《まさひで》などの心温かい弟子たちと、なごやかに遊んだ近江・義仲寺のころのあれこれではなかったろうか。

辛崎《からさき》の松は花より朧《おぼろ》にて
米くるる友を今宵の月の客
三井寺の門たたかばやけふの月
鎖《ぢやう》明けて月さし入れよ浮御堂
四方より花吹き入れて鳰《にほ》の海
比良三上雪さしわたせ鷺《さぎ》の橋

仲秋の月見の船のさんざめき、また、うららかな花見の宴の情景とともに、彼の心よりなごんだ名吟の数々が思われるのである。

「木曽殿と背中合せの寒さかな」又玄

芭蕉の墓。「芭蕉翁」の文字は其角の筆と伝えられている

竜《たつ》ヶ岡俳人墓地

国鉄膳所駅の裏から東へ約二百メートル、国道一号線沿いの小高い岡の上に、芭蕉の高弟丈草《じょうそう》の墓を中心とする、十七俳人の墓が運座を開いているように並んでいる。この地はもと義仲寺の寺領で、師を慕う人々がここにその墓所を選んだのである。はじめ、丈草は、師の歿後、無名庵（義仲寺内）にこもって師の墓を護っていたが、追慕の念から、法華経を一石に一字づつ、みずから書いてここに埋めたのであるといい、その経塚も残っている。また、昔は竹藪《やぶ》にかこまれた静閑な所であったというが、今はその面影なく、国道一号線の自動車で騒がしい。しかし、幻住庵跡や義仲寺を訪ねる人は、ぜひこの墓地にも足をのばしてほしいものである。

芭蕉忌（時雨忌）

於　幻住庵跡　十月第一日曜日

於　義仲寺　十一月十二日[註]

時雨忌といふには墓の冬うらら　黄鶴子

註　現在は十一月第二土曜日

竜ヶ岡俳人墓地。文草、支考をはじめ正秀、松琵、歴世の無名庵主、
京の僧蝶夢など17の墓石が、運座を開いているように並んでいる

あとがき

夫溪逸哉は年一回くらいの間隔で近江の三つの物語を投稿しておりました。

先《ま》ずは【信楽】——夫の生まれ育ったところ、忘れがたき故郷です。

自然に囲まれた紫香楽の澄んだ空気の中で嗅ぐ馥郁《ふくいく》とした木と土の匂いは、今も人々の心を癒していることでありましょう。茶道の幽寂、「わび、さび」の境地とともに……。

次に【安土城】——土井晩翠作詞、滝廉太郎作曲の「荒城の月」は夫の好きな歌でした。

〈いま荒城の夜半の月／変わらぬ光誰がためぞ／垣に残るはただ葛／松に歌うはただ嵐〉

覇者信長も今ここに佇めば、感慨深く「荒城の月」を吟ずるのではないでしょうか。丹念に石積みされた城塁・安土城址の石垣が今や、根を張った松の大木や雑木によってこじ広げられ、蔦が絡って自然の一部に還りつつあるのを感じながら……。

最後に【幻住庵】など——松尾芭蕉の関連地です。

芭蕉の温かい心、花鳥風月・自然を愛し、不遇の人々への温かい眼差し、門人たちに慕われていた芭蕉——芭蕉は夫を思い出させるのです。夫が漢字を一字選ぶとすれば、「恕《じょ》」（ゆるすこと）でありました。

彼も勤務地・大津商業高校で、生徒の皆さんや先生方とともに夢を追いました。きっと今も彼の夢は彼の地を駆けめぐっていると思います。彼が描いた絵地図を左に掲げます。

夢を描き、その夢を実現しようと挑んだ人々、それらの人々の活躍した辺りを、「月の光」が永遠に照らし続けてくれるように祈ります。

この度、持てば破れそうだった雑誌「フォト」から、彼の文と写真を見事に甦らせてくださいましたサンライズ出版の方々と矢島様に、改めて深く感謝しお礼を申し上げます。

編者　溪　久（妻）

天台宗
1最澄 2 3円仁 4 5円珍
山門派
寺門派
円珍派と円仁派は争い、円珍没後(六六三年)円珍派は比叡山を下り園城寺に寺門派を興す。比叡山による山門派との対立抗争は中央政権の争いをからめてますます激しくなった。
フェノロサの墓
ここから望む琵琶湖の景色は大津で一番美しい ことに夕刻がええぞ
法明院
東京大学で哲学を講じたフェノロサ(アメリカ人)は日本伝統絵画の復興に努力した。弟子の岡倉天心らと東京美術学校を創立。海外にも日本美術を紹介した。彼は法明院で得度、死後遺言により、ここに葬られる。
国立大津ユースホステルセンター
園城寺(三井寺)
一五七一年織田信長は比叡山を焼打つ。彼は園城寺光浄院で指揮をとったと言う。園城寺と比叡山の対立を利用したのやな。
観音堂 西国十四番札所
弁慶ひきずり鐘
弁慶がこの鐘を比叡山にひきずり上げ、ついたらいの〜いの〜と鳴った。比叡山との抗争は200回を越えた。三井寺側はその度にまけた。人生争いに勝つだけが能ではないぞ。
山路来て何やらゆかしすみれ草 芭蕉
前九年の役(1051年)源頼義は陸奥へ出発するにあたってこの社で戦勝祈願。源氏が東国に勢力を張るのはこれからなのだ。
頼義 義光 義家 為義 義朝 義平 頼朝 義経
NHK「草燃える」をみているか 源氏の館は錦織(近江神宮)のあたりにあった。
新羅三郎義光の墓 笛の名手
新羅明神 三井寺の守護神
小関越え
長等公園
円満院
鳥羽僧正の「放屁(ホーヒ)合戦」蔵。これはオナラのタレ合戦。空にも字がある。彼は園城寺の高僧
大津市民文化会館
県機動隊 警察学校
天智 ― 弘文(大友皇子) 大海人皇子(天武) 壬申の乱
弘文天皇御陵
六七二年 壬申の乱最後の戦場は瀬田川であった。弓折れ矢尽きた大友皇子はこの地でなくなられたと言う。
一六〇〇年関ヶ原合戦 京極高次は大津城で西軍を牽制。西軍は長等山から砲撃した。
千団子
鬼神母神 千団子祭り 植木市 五月十六・十七・十八日。
大津商業高校
樟(くすのき)の老木
大津市役所
まんぷくうどん
(京阪石坂線)
浜大津
三井寺
別所
石山 寺へ
坂本へ
この地は激動する近代日本の歴史の荒波を真正面から受けて来た。正門横の樟(くすのき)の老木は、その一部始終をじっとみつめて来たのだ。苔むした樹皮に手をあてて、彼の深い想いに心を傾けよう。精いっぱい生きた先輩の青春を考えよう。
皇子山陸上競技場
明治以後この地は陸軍九連隊→陸軍病院→少年航空飛行学校→米軍キャンプと変る
大商の敷地は北院と呼ばれる園城寺の寺域にある。ここにも幾つかの僧房があったはず。すぐ上の文化館の池も大昔の僧房のなごりという。
皇子山球場

■協力

甲賀市教育委員会事務局歴史文化財課、宗教法人摠見寺、義仲寺、大津市歴史博物館

■著者略歴

溪　逸哉（たに・いつや）

1934年（昭和９）	滋賀県甲賀市信楽町神山の法蔵寺に生まれる。
1960年（昭和35）	滋賀大学教育学部卒業後、滋賀県立高等学校等に勤務。
1995年（平成７）	滋賀県立石山高等学校長定年退職。その後、滋賀県立体育館長、佛教大学・滋賀大学教育学部講師、民生児童委員などを務める。
2019年（平成31）１月	逝く。

■著書

『ある教師の提言　残された数々の言の葉』（牧歌舎、2020年）
『地球一周してみたら　聞こえた大自然と人々の鼓動』（サンライズ出版、2024年）

昭和のグラフ誌を飾った近江の歌枕

信楽《しがらき》・安土城《あづちじょう》・幻住庵《げんじゅうあん》

2024年４月20日　初版第１刷発行

文・写真　溪《たに》　逸哉《いつや》
編　　者　溪　久《ひさ》
〒520-2153　滋賀県大津市一里山4-17-19
発 行 者　岩根順子
発 行 所　サンライズ出版
〒522-0004　滋賀県彦根市鳥居本町655-1
TEL.0749-22-0627　FAX.0749-23-7720
印刷・製本　シナノパブリッシングプレス

©Tani Hisa 2024　無断複写・複製を禁じます。

ISBN978-4-88325-813-0　C0026　Printed in Japan
定価はカバーに表示しています。乱丁・落丁本はお取り替えいたします。